RUDOLF GRABER · MARIENERSCHEINUNGEN

Rudolf Graber

# MARIEN-
# ERSCHEINUNGEN

Maria als Zeichen der sicheren Hoffnung

echter

Titelbild: Lourdes, die alte Rosenkranzbasilika
Umschlag Rückseite: Fatima, die Muttergottesbasilika,
Blick durch die Kolonnaden des Weißen Platzes.

CIP-Kurztitelaufnahme der Deutschen Bibliothek

*Graber, Rudolf:*
Marienerscheinungen : Maria als Zeichen d. sicheren Hoffnung / Rudolf Graber. –
Würzburg : Echter, 1984.
ISBN 3-429-00905-7

Alle Fotos ohne Quellenangabe: Karl Kolb

© 1984 Echter Verlag Würzburg
Gesamtherstellung: Echter Würzburg
Fränkische Gesellschaftsdruckerei und Verlag GmbH
ISBN 3-429-00905-7

# Inhalt

# Vorwort

Wir leben in einer recht widersprüchlichen Zeit. Auf der einen Seite gewahren wir einen Rückgang der Marienverehrung, der sogar zu blasphemischen Äußerungen in den Massenmedien führt, andererseits sehen wir eine Zunahme der Marienverehrung, die im »Totus Tuus« des Hl. Vaters einen Höhepunkt erreicht.

Dies wird auch dadurch unterstrichen, daß eine Unmenge von marianischen Privatoffenbarungen und Erscheinungen Mariens auftaucht, von denen zwar die wenigsten kirchlich anerkannt sind, die aber meist sich zu Gebetsstätten entwickelt haben. Kurz vor Vollendung dieser Arbeit erhielt ich zwei hochbedeutsame Schriften von Robert Ernst in Eupen (Belgien): »Lexikon der Marienerscheinungen« und »Maria redet zu uns – Marienerscheinungen seit 1830« (beide Schriften sind im Markus-Verlag, Eupen 1984 und 1983 erschienen). Während das erste Buch alle feststellbaren Marienerscheinungen von Anfang an behandelt, beschränkt sich das zweite auf die Erscheinungen ab 1830. Überblickt man beide Veröffentlichungen, so hat man fast eine marianische Kirchengeschichte vor sich. Besonders begrüßenswert ist es, daß der Verfasser für die Erscheinungen der letzten 150 Jahre den eschatologischen Gesichtspunkt herausstellt und sich das Urteil von Louis Lochet zu eigen macht: Die Marienerscheinungen »sind wie das Morgenrot der aufgehenden Sonne, die eine in Dunkel gehüllte Erde erleuchtet: sie sind die ersten Strahlen und das geheimnisvolle Näherkommen von Zeichen, die Vorläufer sind für den Triumph dessen, der kommen wird« (Muttergottes-Erscheinungen, ihr Sinn und ihre Bedeutung im Leben der Kirche und unserer Zeit, Freiburg 1957, S. 92).

Regensburg-Aufhausen, 25. März 1984

*Rudolf Graber*
Bischof

# Marienerscheinungen

Der Schweizer Theologe Walter Nigg schreibt in seinem Buch »Große Heilige« über Jeanne d'Arc, die Jungfrau von Orléans, folgendes: »Nicht nur die Bibel kennt ein göttliches Eingreifen, auch die spätere christliche Geistesgeschichte ist von dem lebendigen Atem Gottes durchweht. Noch heute offenbart sich Gott im Drama der Geschichte. Daß man dieses Erleben Gottes in der Jetztzeit bemerkt, darauf kommt es an. Es entscheidet über tote oder lebendige Religiosität.«[1]

Dieses Wort nehmen wir für unser Thema in allen seinen Wendungen in Anspruch. Damit weisen wir eine irrige Meinung zurück, als ob Gott die große Offenbarung mit dem Tod des letzten Apostels so abgeschlossen hätte, daß ihm in der nun folgenden geschichtlichen Periode – fast in deistischer Weise – keine Eingreifmöglichkeit mehr zur Verfügung stünde. Dabei übersieht man, daß der Kirche Christi der Heilige Geist gegeben wurde, der die Jünger Christi alles lehren wird (vgl. Joh 14,26) und der Söhne und Töchter weissagen, die Jünglinge Gesichte und selbst Greise Traumgesichte schauen läßt (vgl. Apg 2,17). Das bedeutet beileibe nicht, daß die Geschichte nun aufs vollkommenste verlaufen wird, wir müssen aber mit dem Einbruch des Geistes rechnen und dürfen nicht alles von unserer menschlichen ratio, von unserer Vernunft, erwarten. Dieser Einbruch des Geistes erfolgt in vielfältiger Form, nicht zuletzt durch Engel und Heilige, und hier vor allem durch die Erscheinungen der Gottesmutter, die nach den Worten des Konzils »dem wandernden Gottesvolk als Zeichen der sicheren Hoffnung und des Trostes bis zur Ankunft des Tages des Herrn voranleuchtet«. Das nun bedeutet wiederum nicht, daß wir all das, was an Erscheinungen Mariens berichtet wird, für bare Münze nehmen dürfen, aber es besteht kein Zweifel darüber, daß diese Erscheinungen

in den letzten 150 Jahren ein Ausmaß angenommen haben, das
nach einer Erklärung verlangt.

Selbst wenn wir die von der Kirche abgelehnten Erscheinungen
ausscheiden und auch die noch offen gebliebenen nicht berücksichtigen, so verbleibt doch eine ganze Reihe von Erscheinungen,
die wir nicht übergehen dürfen, weil sie engstens mit der Zukunft
und dem Schicksal der Welt verbunden sind. Karl Rahner gebührt
das Verdienst, in seinem Buch »Visionen und Prophezeiungen«[2]
auf die Bedeutung der sogenannten Privatoffenbarungen aufmerksam gemacht zu haben, ein zwielichtiges Wort, mit dem man in
Bausch und Bogen alles abwertet, was diesen ganzen Bereich des
übernatürlichen Einbruchs umschreibt. Natürlich kann sich hier
auch der listige Feind des Menschen einschleichen – denn »Satan
selbst gibt sich als Engel des Lichtes aus« (2 Kor 11, 14), aber nicht
umsonst ist uns »die Unterscheidung der Geister« (1 Kor 12, 10)
gegeben, um die wir freilich viel zu wenig beten.

### Die Zeitverhältnisse

Aber kehren wir zurück zu unserer Frage nach den Gründen der
zahlreichen Marienerscheinungen seit ungefähr 150 Jahren. Diese
Frage kann nur einigermaßen beantwortet werden durch einen
Blick auf die Zeitverhältnisse. Wenn wir dazu das Jahr 1830 als
Ausgangspunkt wählen, das Jahr also, in dem Maria zu Paris in der
Rue du Bac der heiligen Katharina Labouré erschien, bemerken
wir schon etwas Bedeutsames. Wir stehen in diesen Jahren am Beginn des technischen Zeitalters, ja man kann sogar sagen der technischen Revolution. »Dieses Jahrhundert steht in der Geschichte

der Menschheit wohl einzigartig da. Es hat Umwälzungen mit sich gebracht, deren Tragweite wir jetzt erst zu ahnen beginnen.«[3]
Mit dieser technischen Entwicklung war eine starke Hinwendung zur Materie gegeben, und gerade dies scheint ein Grund gewesen zu sein, daß der Himmel sich nun auch stärker einschaltet und daß Maria der Menschheit zu Hilfe kommen will. Dem Horizontalismus setzt sie so den Vertikalismus entgegen. Papst Johannes Paul II. hat übrigens in seiner Ansprache an die Mitglieder der internationalen Theologenkommission vom 5. Dezember 1983 von der »Verdunklung des Vertikalismus« und einem »falschen Horizontalismus« gesprochen.[4] Dieser materialistische Horizontalismus erhält dadurch seine besondere Gefährlichkeit, daß er sich in dieser Zeit mit dem Satanismus verbindet, und damit stehen wir dicht vor dem Marianischen. Wenn man freilich dieses Wort ausspricht, dann riskiert man heutzutage, nicht bloß als rückständig, sondern als geistig beschränkt hingestellt zu werden. Man möge jedoch zur Kenntnis nehmen, daß in diesem Jahrhundert drei satanische Kultformen entstanden sind: die Satanslitanei von Baudelaire und die satanischen Hymnen von G. Leopardi und G. Carducci.[5] Damit ist das Stichwort gefallen für all die dämonischen und diabolischen Erscheinungen von heute, die unsere Zeit zu einer »Epoche des Teufels«[6] gestempelt haben. Diese Epoche des Teufels aber ruft geradezu nach einem Zeitalter Mariens auf Grund des im ersten Buch des Mose verkündeten geschichtstheologischen Gesetzes: »Feindschaft will ich setzen zwischen dir (der Schlange) und der Frau, zwischen deiner Nachkommenschaft und ihrer Nachkommenschaft[7]; sie wird dir den Kopf zertreten, und du wirst ihrer Ferse nachstellen« (Gen 3, 15).
An dieser Stelle müßten wir dem wohl größten Marienverehrer der

Neuzeit, dem hl. Ludwig Maria Grignion von Montfort, das Wort erteilen und aus seinem sogenannten Goldenen Buch die vier Abschnitte des ersten Kapitels zum Abdruck bringen: »Durch Maria wird das Reich Christi kommen – Der Entscheidungskampf der Endzeit – Kinder Mariens und Kinder Satans – Die Apostel der Endzeit, Söhne und Kinder Mariens«[8]. In diesen Themen ist unsere Frage beantwortet: Wie kommt es, daß in unserer Zeit sich die Marienerscheinungen so sehr häufen? Es ist nicht zu übersehen, daß der Heilige von der Endzeit spricht. Wir greifen dieses Wort auf und werden immer wieder, besonders bei Fatima, darauf zurückkommen. Wir versagen es uns, mit Zahlenterminen zu jonglieren, wir wollen nur das eine behaupten: daß unsere Zeit unverkennbar apokalyptische Züge trägt. Unwiderlegbar ist auch Grignions Beweis für Größe, Umfang und Erhabenheit der marianischen Epoche. Das erste Kommen Jesu in Niedrigkeit brachte es mit sich, daß auch Maria in der Verborgenheit verblieb. Weil aber das zweite Kommen Jesu in Herrlichkeit erfolgt, darum kommt auch seiner Mutter eine Vorbereitung in Herrlichkeit zu – und dies beweisen ihre vielfachen Erscheinungen. Aber auch hier müssen wir zu einer gewissen Vorsicht mahnen. Die Paradiesesweissagung verheißt keinen mühelosen Sieg; die Schlange wird Mariens Ferse nachstellen. Ist damit nicht ausgesprochen, daß Satan sogar in den marianischen Bereich einbricht und bei den Erscheinungen der Gottesmutter als der Diabolus, der Durcheinanderwerfer, zumindest Unsicherheit und Zweifel verbreitet, wie wir das bei fast allen Marienerscheinungen wahrnehmen und was es uns oft so schwer macht, den wahren Kern des Geschehens herauszuschälen? All diese Gedanken sind keine bloßen frommen Anmutungen, sie sind ein geschichtliches Barometer, das anzeigt, wo wir stehen, das so manches Unbegreifliche unserer Zeit erklärt, das uns aber auch einhämmert: Das Weltenbarometer steht auf Sturm, der Entscheidungskampf zwischen Gott und dem Satan, zwischen Gut und Böse, zwischen Himmel und Hölle hat begonnen, und wir sind mitten in diese Auseinandersetzung hineingestellt.

Bis hierher sind wir den Gedanken Grignions gefolgt. Ist es nun nicht im höchsten Grade auffällig, daß rund 1300 Jahre vorher der gleiche Gedanke vom Kommen Mariens ausgesprochen wurde, und zwar vom ersten christlichen Kaiser, Konstantin dem Großen, der in seiner »Rede an die heilige Versammlung« sagt: »Wiederkehren wird sie (die Jungfrau Maria) aber zum zweiten Male, wenn auch (der) Gott zum zweiten Male kommt, den ganzen Erdkreis zu erleichtern.«[9] Man hat sich leider bisher viel zu wenig mit diesem Text beschäftigt, und doch verdiente er es, in die Mariologie eingebaut zu werden. Ist er doch die Grundlage aller Marienerscheinungen, besonders was unsere Zeit betrifft. Diese Erscheinungen Mariens sind nicht bloß Mahnrufe und helfende Trosterweise, sondern Umschreibungen des 12. Kapitels der Geheimen Offenbarung, das mit den Worten beginnt: »Signum magnum apparuit in caelo – Ein großes Zeichen erschien am Himmel« (12, 1). Die Marienerscheinungen gehören in den Umkreis dieses großen Zeichens, sie sind selber Zeichen, die auf die Endzeit und den kommenden Herrn hindeuten und das kommende Reich Gottes vorbereiten, und es ist nicht von ungefähr, daß die Kirche sich zu diesem großen Zeichen bekennt, daß das Zweite Vatikanische Konzil Maria als das »Zeichen der sicheren Hoffnung« verkündet und Papst Paul VI. sein marianisches Rundschreiben vom 13. Mai 1967 mit den apokalyptischen Worten beginnt: »Signum magnum – Das große Zeichen«. In diesem bedeutungsvollen Schreiben stehen am

Schluß einige Worte, die eigentlich alles zusammenfassen und unterstreichen, was wir ausgeführt haben: »So steht fest und ist klar, was jener Anspruch bedeutet, den wir heute des öfteren hören: Unsere Zeit kann eine marianische Zeit genannt werden« (...»nostram scilicet aetatem Marianam nuncupari posse«)[10], also das Marianische Zeitalter gegen die Epoche des Teufels.

Wenn wir nun dazu übergehen, aus der großen Fülle der Marienerscheinungen einige der bedeutenderen herauszugreifen, so kann es sich nicht darum handeln, die ganze Geschichte und den ganzen Umfang dieser Geschehnisse darzulegen, sondern nur das ins Auge zu fassen, was unserer Einleitung entspricht. Über jede dieser Erscheinungen gibt es ausführliche Literatur. Aber die wenigsten werden vom Endzeitlichen her diese Erscheinungen beurteilen, und gerade dies ist doch so wichtig für den einzelnen und noch mehr für die Allgemeinheit, die doch wissen muß, wo die Welt steht.[11]
Gerade dieser Punkt wird uns beschäftigen, wenn wir uns nun der ersten Erscheinung Mariens zuwenden, derjenigen vom Jahre 1830 in der Rue du Bac zu Paris vor der heiligen Katharina Labouré.

# In der Weltstadt Paris 1830

Wir beginnen unsere Übersicht mit der Erscheinung Mariens in Paris, weil diese sich von früheren Erscheinungen deutlich unterscheidet. Die Gottesmutter hebt nämlich die Erdkugel voll Anmut und Kraft zum Himmel empor und scheint damit andeuten zu wollen, daß ihre Botschaft der ganzen Welt dient, wie die Seherin ausdrücklich vermerkt. Das ist in der Tat etwas Neues und sollte viel mehr beachtet werden. Selbstverständlich ist jeder Mensch mitinbegriffen.[12] Von nun an werden alle Erscheinungen Mariens sich nur vordergründig auf einzelne Personen beziehen, im Hintergrund aber werden sie die Erde und alle Menschen zum Ziel haben; denn »die Zeiten sind sehr schlecht..., die ganze Welt wird durch Unglücke aller Art in Unordnung gebracht«, sagt Maria und gibt damit das Thema ihrer folgenden Erscheinungen an. Wir stehen diesen Unglücksfällen aber nicht schutzlos gegenüber. Maria bietet uns etwas Eigentümliches an, die sogenannte Wunderbare Medaille. Wer sie trägt, wird große Gnaden erhalten: »Die Gnaden werden überreich sein für jene, die die Medaille mit Vertrauen tragen«, sagt die Gottesmutter. Begreiflich, daß der moderne Mensch hier abschaltet. Doch wissen wir aus der Apokalypse, daß der Engel Gottes »die Auserwählten auf ihrer Stirne bezeichnen« (7,2), also mit einem Zeichen versehen muß. Und tatsächlich werden die kommenden Zeiten nach einer solchen Sichtung verlangen, und wir sollten dankbar sein, daß hier die Grenzlinie des Unsichtbaren überschritten wird und just in dem Augenblick, da die Materie uns fasziniert, etwas Materielles uns die Gnadengegenwart Gottes verbürgt. Das Prinzip der Inkarnation, der Fleischwerdung, wird so auch hier festgehalten. –
Und schließlich wird die Erscheinung in der Rue du Bac zu einer Prophetie. Die Wunderbare Medaille und das Gebetchen »O Ma-

ria, ohne Sünde empfangen, bitte für uns, die wir zu dir unsere Zuflucht nehmen« stellen das voraus, was erst nach 24 Jahren, im Jahr 1854, feierlich als Glaubenslehre verkündet wird. Dogma und Vision ergänzen sich und bestätigen sich gegenseitig. Im Klösterlein zu Paris einer schlichten Klosterfrau gezeigt und gesagt, wird 1854 der Weltöffentlichkeit verkündet. Es gibt keinen Grund zur Verzweiflung. Die Epoche des Teufels gibt dem Zeitalter Mariens Raum, was sich in La Salette deutlich zeigt.

Abb. Seite 19:
*Paris, Rue du Bac. Im Durchgang zur Immakulatakirche herrscht ein ständiges Kommen und Gehen. Dort befindet sich auch eine Statue des heiligen Vinzenz, des Apostels von Paris, und der heiligen Louise von Marillac. An der Wand die zahllosen Merci-Tafeln zur Danksagung für Gebetserhörungen.*

*Die Wunderbare Medaille, Ansicht der Vorder- und Rückseite.*

▷
*Paris, Rue du Bac, die Immakulatakirche. Hunderte von Pilgern finden sich hier täglich ein.*

# In der Bergeinsamkeit –
# La Salette 1846

Die Szenerie wechselt: Vom Kloster einer Weltstadt in die Einsamkeit einer grandiosen Bergwelt. Zwei Kinder sind auserwählt: Maximilian und Melanie. Auch das Erscheinungsbild Mariens wechselt. Die Gottesmutter vergießt Tränen, und diese Tatsache hat Léon Bloy so erschüttert, daß er eine Schrift betitelt: »Celle qui pleure – Jene die weint.«

Über die Tränen Mariens ist viel geschrieben worden, und die Theologen haben immer noch Gelegenheit, darüber nachzudenken, wie diese Tränen mit der seligen Gottesschau zu vereinbaren sind. Freilich darf man diese Tränen nicht nur vordergründig auf die damaligen bäuerlichen Verhältnisse beziehen, sondern muß sie in Verbindung mit der gesamten Weltlage sehen. Man darf hier nicht vergessen, daß sich im Jahre 1846 in Paris eine Gruppe von jungen Leuten zusammenschloß, die sich »im Zeichen der Revolte gegen die sozialen und religiös-geistigen Normen ihrer Zeit jeden Sonntag zum Satanskult versammelten«[13].Es darf weiterhin nicht verschwiegen werden, daß besonders das »große Geheimnis«, die Angaben über den Antichrist und über einen neuen Orden der Endzeit auf so viel Kritik und Ablehnung stießen, daß La Salette zum Musterbeispiel wird, wie eine rationalistische Welt alles aufbietet, um etwas Übernatürliches zu Fall zu bringen. Und in der Tat, die Aussagen der Melanie sind so furchterregend, daß man die negative Reaktion verstehen kann. Aber hat nicht Papst Pius IX. den Kern des großen Geheimnisses getroffen, wenn er die Antwort gab: »Sie wollen die Geheimnisse von La Salette wissen? Nun, das sind sie: Wenn ihr nicht Buße tut, werdet ihr alle zugrunde gehen.«[14]

Es hat den Anschein, als ob vieles von dem, was das Hirtenkind von La Salette vorausgesagt hat, sich erst heute erfüllt. Eigenartig, daß so manche päpstlichen Äußerungen von heute sich völlig mit

▷

*La Salette, Statue der weinenden Gottesmutter am Erscheinungsort.*

dem großen Geheimnis decken, so wenn Papst Paul VI. von der »Selbstzerstörung der Kirche« sprach oder von der »Stunde der Finsternis und der Blitze«. Wer die Diskussionen über Atomkriege verfolgt, versteht das Wort des Papstes, daß »große Drohungen über der Menschheit und der Welt schweben« und daß La Salette erst heute seine völlige Aktualität erhält. Und sollte man geltend machen, daß so manches nicht eingetroffen ist, so muß man immer berücksichtigen, daß alle Weissagungen nur bedingten Charakter haben, daß durch Opfer und Buße Strafgerichte verschoben oder hintangesetzt werden.

Das alles zeigt uns etwas Wichtiges. Derartige Weissagungen sind keine in sich abgeschlossene Fakten, sondern behalten ihre Gültigkeit; ja sie erhalten ihre letzte Erfüllung erst nach längeren Zeitläufen, oft sogar erst in der Eschatologie. Insofern ist La Salette mit Syrakus und neuestens mit Maasmechelen verbunden. Die Marienerscheinungen bilden somit ein Ganzes, und es ist durchaus möglich, hieraus eine heilsgeschichtliche Theologie zu entwickeln.

▷

*La Salette, in 1800 Metern Höhe, inmitten der Berge, steht die Basilika. In unmittelbarer Nähe befinden sich die Unterkünfte für die Pilger sowie das Beichtzentrum.*

# Die Dogmaverkündigung von 1854

Die Dogmaverkündigung vom Jahre 1854 durch Papst Pius IX. führt uns zurück an den Lebensanfang der allerseligsten Jungfrau, die kraft der Verdienste Jesu vom ersten Anfang ihres Lebens von jedem Makel der Erbsünde bewahrt geblieben ist. Diese Dogmaverkündigung erfolgte im Heiligen Geist, und insofern ist der Hinweis auf sie kein Fremdkörper im Kreis unserer Marienerscheinungen, sondern als Einflußnahme des Himmels sogar eine Bestätigung und Besiegelung der Erscheinungen (wie wir übrigens schon andeuteten). Auch hier können wir nicht das Dogma in seinem ganzen Umfang behandeln, sondern wir greifen nur das heraus, was sich von unserer Zielsetzung her ergibt, und das ist der Begriff der Empfängnis und des Empfangens ganz wörtlich genommen.
Wir stehen in der Mitte des Jahrhunderts vor einer Explosion der menschlichen Aktivitäten. In der industriellen Revolution geschieht eine Art zweite Schöpfung. Der Jesuit Karl Pauspertl hat in seinem schon erwähnten Buch »Marianische Zeit und technische Welt« diese »kopernikanische Wende« sehr gut geschildert.[15] Für Gott und das Geistige bleibt kein Platz übrig; der Mensch kann alles. Und hier greift Gott ein. Nicht auf das Tun kommt es an, sondern auf das Empfangen. Ohne Einschränkung gilt das Wort des Apostels: »Was hast du, das du nicht empfangen hättest?« (1 Kor 4,7). Das bedeutet keine Abwertung des Tuns, sondern stellt nur die richtige Beziehung her, derzufolge alles rechte Tun aus dem Empfangen hervorgeht. Das gilt im höchsten Grad dort, wo es sich um ein unmittelbares Empfangen aus der Hand Gottes handelt, wie eben bei der Mutter seines Sohnes. Dabei muß der Wortlaut der dogmatischen Definition mehr in das Positive gewendet werden, also was die Bewahrung von jedem Makel der Erbsünde positiv aussagt. Hier all das aufzuzählen, was in dem Apostolischen

*1854 verkündete Papst
Pius IX. das Dogma
von der Unbefleckten
Empfängnis Mariens.*
(KNA-Pressebild)

Schreiben »Ineffabilis Deus« vom 8. Dezember 1854 ausgesprochen ist, überstiege unseren Rahmen. Wir greifen nur folgende Sätze heraus, die wir bei allen Marienerscheinungen mitdenken müßten: »Weit mehr als alle Engel und Heiligen überhäufte Gott sie (Maria) mit himmlischen Gnadengaben... So wunderbar begnadete er sie, daß sie allzeit frei blieb von jedem Makel der Sünde und strahlend von Schönheit und Vollkommenheit eine solche Fülle von Reinheit und Heiligkeit besaß, wie sie, abgesehen von Gott, größer überhaupt nicht erdacht werden kann...«

Wir hatten uns vorgenommen, die Zeit ab 1830 unter marianischem Gesichtspunkt zu betrachten. Als dogmatische Höhepunkte erweisen sich hier die Verkündigung der unbefleckten Empfängnis Mariens 1854 und der Glaubenslehre von der Aufnahme Mariens in den Himmel 1950, also jene Ereignisse, die den Beginn des irdischen Lebens der Gottesmutter und ihre Vollendung betreffen. Zugleich enthalten diese Ereignisse eine Ausweitung, die sich über die ganze Heilsgeschichte erstreckt. Denn das Dogma von der Unbefleckten Empfängnis nimmt seinen Ausgang vom Protoevangelium im Paradies, während das Dogma von 1950 in die Zukunft weist, auf das Ende der gesamten Geschichte. Was dazwischen liegt, erhält seine Deutung von beidem, vom Anfang und vom Ende, so daß Maria Anteil nimmt an dem, der in der Apokalypse von sich sagt: »Ich bin das Alpha und das Omega – der Anfang und das Ende«. Maria ist die geschöpfliche Entsprechung auf dieses Wort.

Wir verlassen nun den Bereich des Dogmas und wenden uns jener Erscheinung Mariens zu, die dem 19. Jahrhundert das Gepräge gibt.

# »Ich bin die Unbefleckte Empfängnis« – Lourdes 1858

Es grenzt fast an Vermessenheit, Lourdes in wenigen Sätzen würdigen zu wollen. Indes beabsichtigen wir nur, das herauszustellen und die Zusammenhänge in das aufzuzeigen, was vor Lourdes liegt und nach ihm kommt. Die Erscheinungen von Lourdes sind die Bestätigung des Himmels zur Dogmaverkündigung von 1854 und der Ausblick auf eine heile Welt. Wenn wir dieses Wort aufgreifen, müssen wir vom Gegensatz ausgehen: »Lourdes ist hineingestellt in eine kranke Welt.«[16] Die technische Revolution hat nicht nur Wohlstand gebracht, sondern nach den Worten von Papst Pius XII. (in seiner Enzyklika zur Hundertjahrfeier der Erscheinung der Unbefleckten Jungfrau in Lourdes) auch »Elend und Ungerechtigkeiten, die sich glänzend und sorglos unter dem Schein von Wohlstand verbergen«. Wir müssen aus diesem Rundschreiben einige andere Sätze zitieren, weil sie erst recht unsere heutige Lage betreffen, und zwar wörtlich. Der Papst spricht vom Materialismus, der sich in der »Geldgier« äußert, im »Kult des Leibes, in dem maßlosen Streben nach Komfort und der Flucht vor jeder Strenge der Lebensführung, in der Verachtung des menschlichen Lebens, selbst dessen, das vor seinem Eintritt in die Welt vernichtet wird.« – Alles in allem eine ins einzelne gehende Schilderung, die uns erschreckt und beschämt, weil wir das alles vergessen haben oder viel zu wenig darauf eingegangen sind – übrigens das traurige Schicksal von päpstlichen Rundschreiben.

Was setzt nun Maria all dem entgegen? Es ist ein Wort, das uns mehr oder weniger in allen Erscheinungen der Gottesmutter begegnen wird, nämlich das Wort »Buße«, in Lourdes gleich dreimal mit besonderer Betonung ausgesprochen. Damit aber ist noch etwas anderes angedeutet, was leider viel zu wenig beachtet wird. Fatima und all die anderen Erscheinungen rücken ein in die allgemeine

*Lourdes, nicht weit von der Rosenkranzbasilika entfernt das grüne Oval, unter dem sich die riesige unterirdische Basilika Pius X. befindet.*

zerstören und unmöglich zu machen. Es ist viel zu wenig bekannt, daß im Verlauf der vierten Erscheinung der Teufel der kleinen Bernadette zurief: »Rette dich, rette dich!« Er wollte das Mädchen von Maria ablenken und zu einer »Flucht vor Gott« verleiten. Aber die heiligste Jungfrau war stärker als der Widersacher. Die Epoche des Teufels vermag nicht alles. Lourdes gehört zur Heiligen Stadt, und Maria zertritt der Schlange den Kopf.

Wir müssen uns nochmal der Lourdes-Enzyklika Pius' XII. zuwenden, und zwar aus folgendem wichtigen Grund. Viele unserer Zeitgenossen betrachten die Marienverehrung als einen Ausschnitt der allgemeinen christlichen Frömmigkeit. Hier sagt nun der Papst in immer wiederkehrenden Wendungen, daß die Marienverehrung weit darüber hinausgeht. Sie ist »eine kollektive Bewegung zur christlichen Erneuerung der Gesellschaft«. Hier taucht jenes Wort auf, das dem Zweiten Vatikanischen Konzil und den folgenden Päpsten als Leitgedanke dient: die Erneuerung. Gegen den materialistischen Kollektivismus stehen die marianische »Erneuerungsbewegung«, »die christliche Erneuerung der Gesellschaft«, »die soziale Wiedergeburt«. Man hat den Eindruck, daß man diesen Teil der päpstlichen Enzyklika überhaupt nicht aufgegriffen hat. Vermutlich hat der Papst gerade deshalb diese Gedanken ausgesprochen, weil er die Geschichte nach Lourdes, dieses Versagen der Völker in der Tragödie des Zweiten Weltkrieges miterlebt hat. Ganz leise deutet er sogar an, wie sehr von Lourdes aus die Einigung der Völker erfolgen könnte, wenn er sagt: »Der einzigartige Ruhm des Heiligtums von Lourdes liegt darin, daß die *Völker* von überallher dort durch Maria zur Anbetung Jesu Christi ... hingezogen werden.« Jeder Lourdespilger erlebt ja diese ergreifende Einheit aller Völker und Rassen, und gerade heute, wo wir uns um den

*Lourdes, die Erscheinungsgrotte mit dem Altar und der Statue der Unbefleckten Empfängnis.*

*Lourdes, Krankensegnung auf dem Platz vor der Rosenkranzbasilika.*

Frieden und die Einigkeit der Welt mühen, sollten wir diese Botschaft von Lourdes aufgreifen und verwirklichen. Maria ist eben Mutter, und Aufgabe der Mutter ist es, die Einigkeit der Kinder zu gewährleisten.

Wir blicken wie fasziniert auf die weltlichen Hauptstädte, auf Moskau und Washington, und zu wenig auf die geistlichen Hauptstädte wie Lourdes und Fatima, das ja noch viel intensiver sogar in den politischen Raum vorstößt. Und wenn man sich heute verliert in heißen Debatten über Waffen, so sollten wir das Wort des Papstes beherzigen, wo er »dem Ansturm des Bösen die Waffen des Gebetes, der Buße und die Siege der Liebe entgegensetzt«. Das alles sagt uns Lourdes. Und deswegen ist es höchst aktuell.

▷

*Lourdes, Portaltympanon der Rosenkranzbasilika. Die Gottesmutter überreicht dem heiligen Dominikus den Rosenkranz.*
(Foto: Zodiaque)

# Unsere Liebe Frau von der Hoffnung – Pontmain 1871

Wir erwähnen Pontmain nur ganz kurz, weil es – kirchlich anerkannt – das eben Gesagte unterstreicht, nämlich den Vorstoß Mariens in den politischen Raum. In ihrer Botschaft vom 17. Januar
1871 kündigte nämlich die Gottesmutter das baldige Ende des
(deutsch-französischen) Krieges an. »Aber betet, meine Kinder,
Gott wird euch bald erhören, mein Sohn wird sich rühren lassen.«
Tatsächlich wurde am 28. Januar, also nur 11 Tage nach der Erscheinung, der Waffenstillstand unterzeichnet. Ähnlich wird es in
Fatima sein, wo die Gottesmutter bei der dritten Erscheinung am
13. Juli 1917 wörtlich sagt: »Der Krieg geht seinem Ende entgegen.« Damit stehen wir bei der wohl bedeutendsten Erscheinung
Mariens, bei Fatima.
Noch etwas darf bei Pontmain nicht übersehen werden, was über
den engen Rahmen eines Landes hinausführt. In Pontmain wird
Maria verehrt als »Unsere Liebe Frau von der Hoffnung«. Ist damit nicht eine Brücke hergestellt zu dem Konzilstext, wonach Maria als »Zeichen der sicheren Hoffnung für das wandernde Gottesvolk« bezeichnet wird?

◁

*Pontmain, die ganz in Blau gehaltene Muttergottes steht auf hohem Sockel vor der neugotischen Wallfahrtskirche.*

# Das Skapulier –
## Pellevoisin 1876

In einem gewissen Zusammenhang zu Pontmain steht die kirchlich anerkannte Marienerscheinung zu Pellevoisin (Diözese Bourges) im Jahre 1876, die einige bemerkenswerte Besonderheiten aufweist. Zunächst ist es das abwehrende Gespräch, das Maria mit dem Teufel führt.

Sodann bietet die Gottesmutter (nach der Wundertätigen Medaille von 1830) ein anderes äußeres Zeichen an, nämlich das Skapulier, und schließlich scheint ein Wort Mariens wie zugeschnitten auf unsere Zeit zu sein: »Was mich sehr betrübt, ist der Mangel an Ehrfurcht vor meinem Sohn bei der heiligen Kommunion und die ehrfurchtslose Haltung beim Gebet, wenn der Geist anderswo ist. Ich sage dies für diejenigen, welche behaupten, sie seien fromm.«

Dies zeigt uns, daß wir die Erscheinungen Mariens im Zusammenhang sehen müssen und nicht isoliert als der Vergangenheit angehörend.

◁

*Pontmain, die Wallfahrtskirche im neugotischen Stil. Im Vordergrund links ist ein Teil der alten Pfarrkirche zu sehen.*

*Das Skapulier, auf das die Gottesmutter in Pellevoisin hingewiesen hat.*

# »Es wird Friede sein, wenn ...« –
# Fatima 1917

Hier müssen wir etwas weiter ausgreifen, um den weltgeschichtlichen Horizont deutlich werden zu lassen, zum Zeichen, wie sehr Himmel und Erde aufeinander abgestimmt sind (und wie auch die Unterwelt einbezogen ist).

Ein Historiker von Rang hat das Jahr 1917 als das entscheidende Jahr in der ersten Hälfte des 20. Jahrhunderts bezeichnet (und wir dürfen heute sagen, wohl des ganzen 20. Jahrhunderts), und zwar deswegen, weil damit das Zeitalter der Weltideologien beginnt. Denn in diesem Jahr schalten sich von Westen her die Vereinigten Staaten von Amerika durch ihre Kriegserklärung an Deutschland vom 6. April in die Geschichte Europas ein, während im Osten der Ausbruch der bolschewistischen Revolution in Rußland am 7. November 1917 jene zweite ideologische Macht auf den Plan ruft, die seitdem die ganze Welt in Spannung hält. Zwischen diesen beiden Ereignissen liegen die Erscheinungen der Gottesmutter in Fatima vom 13. Mai bis 13. Oktober 1917. Ist durch diese zeitliche Datierung nicht schon zum Ausdruck gebracht, daß uns Maria etwas sagen will? Diese Zeitbestimmung zeigt uns aber noch etwas anderes. Ist es Zufall, daß am ersten Erscheinungstag Mariens in Fatima, am 13. Mai 1917, in Rom Msgr. Eugenio Pacelli zum Bischof geweiht wurde, der als Nuntius in Bayern mit der Aufgabe betraut wurde, das päpstliche Friedensangebot den Mittelmächten Deutschland und Österreich zu unterbreiten? Damit ist ein anderes Thema angeschnitten, das sich bis in unsere Tage hereinzieht, nämlich der Kampf um den Frieden; denn auch in Österreich fanden Friedenssondierungen statt. Aber alles verlief im Sand.

Noch ein Vorkommnis in diesem schicksalsschweren Jahr muß Erwähnung finden, das mit Maximilian Kolbe in engster Beziehung steht, der damals 1917 als Student in Rom weilte. Er war Zeuge,

Abb. Seite 47:
*Fatima, Lichterprozession und nächtliche heilige Messe auf dem Weißen Platz.*
(KNA-Pressebild)

▷

*Fatima, der Ort der Engelerscheinung unter den alten Korkeichen. Figuren aus Stein erinnern an das eindrucksvolle Geschehen im Jahre 1916, als der Engel das Kommen der Gottesmutter ankündigte.*

wie die Freimaurer anläßlich ihrer Zweihundertjahrfeier auf dem Petersplatz eine Kundgebung veranstalteten, bei der Satansbanner herumgetragen wurden, auf denen die Losung stand: »Satan soll herrschen im Vatikan, und der Papst wird sein Sklave sein.« Auf einem anderen Banner war der Erzengel Michael abgebildet, der von Luzifer zu Boden geworfen wird. Diese Erlebnisse waren der Grund, warum Maximilian Kolbe mit sieben jungen Freunden die Immaculata-Miliz gründete.

All diese Vorfälle rechtfertigen den Titel einer Schrift: »Weltwende 1917, Monarchie – Weltrevolution – Demokratie«[17]. Das Wort »Weltwende« gilt heute noch. Um so unbegreiflicher ist es, daß man diese Zusammenhänge nicht sieht oder nicht sehen will und daß man heute selbst von Fatima nichts wissen will. Dabei hat Maria so präzise Aussagen gemacht, die man jederzeit nachkontrollieren kann. In ihrer dritten Erscheinung, am 13. Juli 1917, sagte sie: »Wenn man meine Bitten erfüllt, wird Rußland sich bekehren und es wird Friede sein. Wenn nicht, so wird es (Rußland) seine Irrtümer in der ganzen Welt verbreiten, Kriege und Verfolgungen der Kirche hervorrufen; die Guten werden gemartert werden, der Heilige Vater wird viel zu leiden haben; mehrere Nationen werden vernichtet werden... Am Ende aber wird mein unbeflecktes Herz triumphieren; der Heilige Vater wird mir Rußland, das sich bekehren wird, weihen und der Welt wird einige Zeit des Friedens geschenkt werden.«

Kann man sich deutlichere Voraussagen wünschen? Aber es scheint alles umsonst zu sein. Wenn man nur wenigstens den Versuch gemacht hätte, auf die Worte Mariens einzugehen! Es wäre nichts verloren gewesen, aber es könnte alles gerettet sein.

Eines darf man bei Fatima nicht übersehen: Es ist ein eschatologi-

*Fatima, heilige Messe in der Erscheinungskapelle.*
(Foto: Zodiaque)

scher Aspekt, die Blickrichtung auf die Endzeit. Wir haben schon darauf aufmerksam gemacht und wollen nur noch anführen, daß nach der Meinung eines Mariologen fast alle Marienerscheinungen seit dem 19. Jahrhundert unverkennbar endzeitlichen Charakter tragen[18], in besonderer Weise Fatima. Auch dies gibt zu denken.

### Höllenvision und Sonnenwunder

Wir beschränken uns hier auf zwei Visionen. Die eine erfolgte bei der dritten Erscheinung Mariens, am 13. Juli 1917, und betrifft die Höllenschau der Kinder, die ihnen Schrecken und Entsetzen einflößte, die andere bezog sich auf das sogenannte Sonnenwunder vom 13. Oktober 1917. Über diesen Tanz der Sonne vor ungefähr 50 000 bis 70 000 Menschen ist schon so viel geschrieben worden, daß wir uns hier nur auf das einlassen, was der bekannte Bischof Fulton J. Sheen in seinem Buch »Du bist gebenedeit unter den Weibern«[19] geschrieben hat. Er gibt verschiedene Erklärungen, die angesichts der heutigen Atomangst in der Befürchtung gipfeln, der Untergang der Welt könnte gerade durch Atomexplosionen herbeigeführt werden. Wir brauchen indes nicht so weit zu gehen. Es genügt, auf das 12. Kapitel der Geheimen Offenbarung hinzuweisen, das mit den Worten beginnt: »Ein großes Zeichen erschien am Himmel, eine *Frau, mit der Sonne* umkleidet, den Mond unter ihren Füßen und eine Krone von zwölf Sternen auf ihrem Haupt« (Offb 12,1). Gerade diese Vision gehört zu den eschatologischen und apokalyptischen Phänomenen.

Zweifellos stellt Fatima einen gewissen Höhepunkt der marianischen Erscheinungen dar und gliedert sich damit ein in die vorhin

▷

*Fatima, die Herz-Jesu-Säule auf dem Platz vor der Wallfahrtsbasilika.*

genannte Weltwende. Was nach 1917 noch folgt, ist eigentlich nur ein »Anhang« zu Lourdes und La Salette, eine Ausweitung und Ausdeutung auch insofern, als immer wieder das Gebet, besonders das Rosenkranzgebet, Buße und Opfer eingeschärft werden. »Betet, betet, tut Buße, bringt Opfer für die Sünder... Die Leute sollen sich bessern und um Verzeihung ihrer Sünden bitten... Sie sollen den Herrn nicht mehr beleidigen, der schon zu viel beleidigt wurde.«

Hier tut eine Gewissenserforschung not. Wie haben wir alle diese Erscheinungen aufgenommen? Haben wir die Mahnungen unserer himmlischen Mutter befolgt oder haben wir uns darüber hinweggesetzt mit dem Wort »Privatoffenbarung«? Sollte uns nicht zu denken geben, was der Apostel Paulus sagt: »Achtet Prophetengabe nicht gering« (1 Thess 5, 20). Freilich muß man dieses Wort noch weiterlesen: »Prüfet alles«! Man hat manchmal den Eindruck, daß dieses »Prüfet alles!« den vorausgehenden Satz zunichte macht. Gerade deswegen ist auf dem marianischen Sektor das Gebet zum Heiligen Geist und um die Gabe der Unterscheidung der Geister so unendlich wichtig.

Zur völligen Abrundung Fatimas wäre natürlich auch die Nachgeschichte von Bedeutung. Es sei nur auf die Weltweihe an das unbefleckte Herz Mariens verwiesen und auf alles, was damit zusammenhängt. Wenn unser gegenwärtiger Papst diese Weltweihe für den 25. März des Jahres 1984 empfahl, so ist dies ein Zeichen, daß Fatima heute noch gilt und daß man Fatima nicht übersehen darf. Dies ist erneut ein Zeichen der Langmut Gottes, der seit zwei Menschenaltern immer noch auf unser Gebet und unsere Buße wartet und uns immer wieder von neuem seine Warnungen zukommen läßt.

*Das Sonnenwunder vom Jahre 1917. Modernes Glasfenster in einer Kapelle im
österreichischen Vorarlberg.*
(Foto Archiv)

# In Belgien –
## Beauraing 1932 und Banneux 1933

Maria hat gesprochen. Sie hat deutlich gesprochen, so deutlich, daß man nicht mehr daran vorübergehen kann, auch die Staatsmänner nicht, wenn sie es mit ihren Friedensbeteuerungen ernst nehmen. – Wie aber hat die Welt auf Fatima reagiert? Um die Wahrheit zu sagen, die Welt hat überhaupt nicht reagiert, und auch in der Kirche war es nur eine kleine Schar, die sich für Fatima interessierte. Eine Entschuldigung mag es sein, daß Fatima erst spät, zu spät bekannt gemacht wurde, wenigstens bei uns in Deutschland. Um so ergreifender ist es, daß Gott nicht sofort das wahr machte, was Maria in Aussicht stellte, sondern uns Zeit ließ, ja daß Maria von neuem erschien, um an ihre Worte zu erinnern. Das bezieht sich vor allem auf ihre Erscheinungen in *Beauraing* und *Banneux*, Belgien, in den Jahren 1932 und 1933, die wir nur ganz kurz streifen. Es wurde die Vermutung geäußert, daß diese beiden Erscheinungen, die nahe an der deutschen Grenze geschahen, Deutschland galten, das ja vor der nationalsozialistischen Revolution stand. Immerhin, beide Erscheinungen zielten ab auf das Gebet. Am 30. Dezember 1932 sprach Maria in Beauraing: »Betet, betet viel«, und in Banneux bezeichnete sie sich mit einem neuen Namen: »Ich bin die Jungfrau der Armen«, dazu wieder die Bitte um »viel Gebet«. Die Verbindung zu Lourdes stellt die Quelle her, die für »alle Nationen« da ist, um Krankheiten zu lindern. Lange bevor Völkerbund und UNO sich um die Einigung der Völker bemühten, hat Maria dies versucht, vor allem in Lourdes und in Banneux, und sie hat sich auch in sozialer Hinsicht als die Helferin der Armen erwiesen.

▷

*Beauraing, Statue der Gottesmutter am Erscheinungsort, umgeben von Weißdornbüschen.*

*Beauraing, die als Gottes- oder Marienburg errichtete Wallfahrtskirche mit vielen Gelegenheiten zu Gottesdienst und Beichte.*

# Weitere Erscheinungen

Verschiedentlich wurde versucht, eine Übersicht über die Erscheinungen Mariens seit 1830, also im Zeitalter Mariens, zu geben.[20] Es seien nur drei erwähnt: Robert Ernst, »Lexikon der Marienerscheinungen«[21] zählt von 1830 bis 1984 379 Erscheinungen auf. Dom B. Billet, »Le dossier des apparitions *non reconnues* par l'église«[22]. Die Anzahl der von der Kirche nicht anerkannten marianischen Erscheinungen beträgt 105. Vom selben Verfasser B. Billet stammt eine andere Liste der nicht kirchlich anerkannten Erscheinungen von 1928 bis 1971 in »Vraies et fausses apparitions dans l'église« mit 210 Erscheinungsorten. –
Ganz exakt müßten wir eine Dreiteilung vornehmen: einmal die kirchlich anerkannten Erscheinungen; die bisher besprochenen waren alle kirchlich anerkannt; die kirchlich abgelehnten und jene, deren Echtheit offen gelassen ist. Ein großes Problem enthalten diese Übersichten. Einmal zeigen sie, daß die Kirche sehr sorgsam vorgeht bei der Prüfung der jeweiligen Erscheinungen. Offen bleibt auch die Frage, wie diese Fülle der Erscheinungen beurteilt werden soll. Wir werden hier immer wieder auf verschiedene Gründe stoßen. Aufschlußreich ist indessen, daß man den Spuren Grignions folgend immer wieder auf den eschatologischen Charakter dieser Erscheinungen stößt. Damit hängt zusammen, daß man auch auf die gesteigerte Macht Satans heute hinweist, der alles daransetzt, um die Welt zu entchristlichen.[23] Man vergißt nämlich zu leicht, daß der »große Drache, die alte Schlange, die Teufel und Satan heißt, auf die *Erde* herabgestürzt wurde« (Offb 12,9), die er unter seine Herrschaft zwingen will. Satan kämpft wirklich um diese Welt, so heißt der Titel eines Buches von Hal Lindsey Carole C. Carlson.[24] Unumwunden wird hier gesagt, daß der Satanismus nicht nur bei uns existiert, sondern erst recht in den Vereinigten

Staaten, und dann werden die verschiedenen Satanskirchen aufgezählt.[25] Es ist ein schauerliches Buch, das uns erklärt, warum Maria so oft erscheint. Aber noch etwas wird uns klar. Der Teufel hat es verstanden, wie wir zum Teil ja gesehen haben, sich in das Marianische einzuschleichen, um dort Verwirrung zu stiften. Es scheint, daß deshalb viele Marienerscheinungen nicht zur vollen Klarheit kamen, sondern im Zwielicht verblieben, so daß die kirchliche Entscheidung negativ ausfiel. Deshalb müßten alle solchen Erscheinungen mit viel Gebet begleitet werden, so daß sich der Kern deutlich herausschält. Wir sind der festen Überzeugung, daß viele Phänomene gut begonnen, aber schlecht geendet haben. Denn alle solchen Eingriffe von oben sind Angebote der Gnade und des Heils. Gott wartet auf das Ja der Menschen, wie damals in Nazaret. Erneut müssen wir hier die Geistesgabe der »discretio spirituum nennen – die Unterscheidung der Geister« (1 Kor 12, 10). Wir sind in diese Auseinandersetzung hineingestellt und müssen wählen zwischen oben und unten, zwischen Gott und seinem Gegenspieler.

Noch eine Bemerkung ist zu den ungeklärten Erscheinungen notwendig. Es ist vorteilhaft, die Frage der Übernatürlichkeit der betreffenden Erscheinung zunächst auszuklammern und sich nur mit dem Wortlaut des Gesagten zu beschäftigen. Wenn die »Botschaft« nichts Widergöttliches enthält, sondern dem Glauben entspricht, so ist ein Rückschluß auf die übernatürliche Herkunft wahrscheinlich, man kann persönlich sich positiv dazu stellen und im übrigen das Urteil der Kirche abwarten.

Es ist wohl unmöglich, die zahlreichen Erscheinungen nach diesen Gesichtspunkten durchzugehen. Auch eine Beschränkung auf die wichtigsten ist schwierig, wie z. B. Amsterdam, Tre Fontane in Rom 1947, Turzowka, Garabandal 1961–1968, Montichiari u. a.

# Die Dogmaverkündigung von 1950

Das marianische Jahrhundert im engeren Sinne des Wortes wird eingeleitet durch die Verkündigung des Dogmas von der Unbefleckten Empfängnis und abgeschlossen durch die Verkündigung des Dogmas von der leiblichen Aufnahme Mariens in den Himmel. Es bedarf keines Hinweises, daß wir damit ein klares eschatologisches Ereignis vor uns haben. Zunächst ist festzustellen, daß es sich bei beiden Dogmen um eine einzigartige Ausnahmesituation handelt. Maria ist bewahrt geblieben von der Erbsünde, der alle Menschen unterworfen sind (vgl. Röm 5,12–15). Maria ist aber auch bewahrt geblieben vom Gesetz der Verwesung im Grab, »sie brauchte auf die Erlösung des Leibes nicht bis zum Ende der Zeiten zu warten«[27]. Man muß diese Aussagen sozusagen in das Positive übersetzen.

Die Bewahrung vor der Erbsünde ist ein Höchstmaß an Gnadenherrlichkeit, und die Bewahrung vor der Verwesung ist »Sieg und Verherrlichung nach dem Vorbild ihres Sohnes Jesus Christus«. Diese Auszeichnung Mariens gilt aber nicht nur ihr, sondern ist »ein Segen für die Menschen«, so führt der Papst aus: »In einer Zeit, wo die Irrlehren des Materialismus und die daraus folgende Verderbnis der Sitten das Licht der Tugend zu ersticken und die Entfesselung von Kampf und Krieg so viele Menschenleben zu vernichten drohen«, zeigt uns das Dogma, »für welch ein erhabenes Ziel wir nach Leib und Seele bestimmt sind«. Und dann folgt der eschatologische Ausblick: »Endlich wird der Glaube an die leibliche Aufnahme Mariens in den Himmel den Glauben auch an unsere Auferstehung stärken und zu tatkräftigem Handeln führen.« Abschließend sei gefragt, ob all die Erscheinungen Mariens, die wir dargelegt haben, nicht auch ein Hinweis auf diese Glaubenslehre von der leiblichen Aufnahme Mariens in den Himmel sind.

◁
*Im Jahre 1942 weihte Papst Pius XII. die ganze Welt der Gottesmutter.*
(KNA-Bild)

# Die Tränen Mariens –
# Syrakus 1953

Hier müßten wir wiederholen, was wir bei La Salette bereits sagten. Diese Tränen Mariens sind nicht versiegt. Am 29. August 1953 begann eine Marienstatue in *Syrakus* Tränen zu vergießen, und neuerdings erfolgte dasselbe im belgischen Maasmechelen.[26] Man geht nicht fehl, diese Tränen als ein erschütterndes Zeugnis für den besorgniserregenden Zustand der Welt und der Kirche zu deuten. Wir haben die Worte der Gottesmutter kaum beachtet – werden wir ihre Tränen verstehen? An sich müßte jetzt die ganze letzte Seite des genannten Artikels zum Abdruck gebracht werden; denn deutlicher kann man diese Botschaft der Tränen nicht zum Ausdruck bringen. Es ist die letzte Stunde.

*Syrakus, Santuario Madonna delle Lacrime, die unterirdische Rundkirche mit der kleinen Herz-Mariä-Tafel als einzigem Bild im ganzen Innenraum. Links die Reste alter römischer Baulichkeiten. Die neue Kirche steht inmitten der archäologischen Zone der Stadt.*

# Das Zweite Vatikanische Konzil
# 1962–1965

Das Zweite Vatikanische Konzil dürfen wir nicht übersehen, schon deswegen nicht, weil es in lapidaren Worten Sinn und Zweck aller Marienerscheinungen darlegt, wenn es sagt: »Wie die Mutter Jesu, im Himmel schon mit Leib und Seele verherrlicht, Bild und Anbeginn der in der kommenden Weltzeit zu vollendenden Kirche ist, so leuchtet sie auch hier auf Erden in der Zwischenzeit bis zur Ankunft des Tages des Herrn als Zeichen der sicheren Hoffnung und des Trostes dem wandernden Gottesvolk voran.« Dieser Text, der in jedem Katechismus stehen müßte, enthält eine Fülle von Gedanken. Nicht nur, daß er die Dogmaverkündigung von 1950 aufgreift und ganz eschatologisch ausgerichtet ist, er erblickt in Maria schon den Anbeginn (initium) des Zukünftigen. Gerade das kann nicht genug betont werden. In der Verbindung mit Maria und in der Hingabe an sie sind wir schon hineingenommen in das Kommende. Wir haben die Gegenwart und die Welt überwunden. Das Wort »praelucet« – das Voranleuchten – erinnert zusammen mit dem Wort vom »wandernden Gottesvolk« an das alttestamentliche Gottesvolk, dem »des Tags die Wolkensäule und des Nachts die Feuersäule voranzog« (Ex 13,21). Die Marienerscheinungen sind solche Zeichen der sicheren Hoffnung und des Trostes in einer Zeit, die wohl wie keine zuvor von Angst und Schrecken erfüllt ist. Alle Marienerscheinungen sind eingetaucht in das Licht, und dieses »Voranleuchten« Mariens (wir denken an das Sonnenwunder von Fatima) ist das Gegenstück zum vernichtenden Feuer der Atomzertrümmerung. Sind das nicht alles Zeichen, daß Maria zur Heilsgeschichte gehört und daß ihre Erscheinungen nur Ausstrahlungen ihres Wesens und ihres Tuns sind (wissenschaftlich gesprochen nur Kommentare ihres Lebens). Und wieder fragen wir: Haben wir nicht auf dies alles vergessen?

Abb. Seite 67:
*Rom, Petersdom, Chorfenster mit der Heilig-Geist-Taube.* (KNA-Pressebild)

▷

*Banneux, die Kapelle am Ort der Erscheinung.*

# Und wir in Deutschland?

Es bedrückt uns zutiefst, daß wir bisher keine Erscheinung Mariens bei uns in Deutschland nennen konnten. Es gibt verschiedene Ursachen dafür. Eine davon ist die Reformation. Kein Geringerer als der evangelische Kirchenhistoriker Ernst Benz hat das in seinem großen Werk »Die Vision – Erfahrungsformen und Bilderwelt«[28] so dargestellt: »Innerhalb des Protestantismus sind die Visionäre von den Anfangsjahren der Reformation an schlecht weggekommen. Die Bewertung der Heiligen Schrift als der einzigen, für alle Zukunft ausreichenden Quelle der göttlichen Offenbarung hat von vornherein alle auch im Bereich des reformatorischen Christentums auftretenden Visionäre als ›Schwärmer‹ abgestempelt, die den frevlerischen Versuch unternahmen, die im göttlichen Wort vorliegende, definitiv abgeschlossene göttliche Offenbarung durch neue Offenbarungen zu ergänzen. So sind im Bereich des Protestantismus die Visionäre immer mit besonderem Nachdruck abgewertet worden; wo sie sich Beachtung erzwangen, wurden sie bekämpft, aber nicht studiert.«

Das hat auch auf uns abgefärbt. Man schließt dies schon daraus, daß auch bei uns die Antwort auf irgendeine Erscheinung mit dem Hinweis lautet: Die Offenbarung ist mit dem Tod des letzten Apostels abgeschlossen. Es gibt keine neuen Offenbarungen. Dazu kommt, daß wir durch die Periode des Kritizismus in viel stärkerem Maß hindurchgegangen sind als die rein katholischen Länder. Auch das klingt an in den Worten des oben genannten Ernst Benz: »Allgemein läßt sich seit dem 17. Jahrhundert eine progressive Abwertung der Visionäre und Visionen auch im Bereich des römischen Katholizismus feststellen.«[29]

Diese zwei Gründe mögen genügen. Sie erklären, warum bei uns gewisse Marienerscheinungen nicht zur vollen Entfaltung gekommen, sondern im Trüben und im Dunkeln steckengeblieben sind. Dies gilt vor allem für die drei zur Zeit des Kulturkampfes erfolgten »Erscheinungen« Mariens im Westen, Süden und Osten Deutschlands, nämlich *Marpingen* (Saargebiet) 1876 (der Pfarrer wurde verhaftet, der Erscheinungsort militärisch besetzt); in *Dietrichswalde* (Diözese Ermland) 1877 und in *Mettenbuch* (Diözese Regensburg) ebenfalls 1877. Es ist nicht von der Hand zu weisen, daß die Gottesmutter uns in dieser bedrängten Zeit zu Hilfe kommen wollte, ganz abgesehen davon, daß um diese Zeit der Marxismus sich auszubreiten begann.[30] Ähnlich mag es mit den »Erscheinungen« Mariens in *Heede* (Emsland) 1937 gewesen sein, also in der Zeit des Nationalsozialismus. Das alles zeigt uns, daß bei den Beurteilungen stets auch die jeweiligen Zeitverhältnisse berücksichtigt werden müssen, auch wenn in der Erscheinung selbst darauf nicht Bezug genommen wird. Eine eigene Darstellung verdient jedoch *Marienfried* in Pfaffenhofen bei Neu-Ulm 1946 nicht nur, weil die Botschaft von außerordentlicher Ausdruckskraft ist, sondern weil sie mit einem Engelshymnus auf die allerheiligste Dreifaltigkeit schließt, einem Hymnus von solcher Schönheit, daß man in der Geschichte der Mystik etwas Ähnliches suchen muß.[31] Nochmals betonen wir, daß wir die Übernatürlichkeit der Erscheinung beiseite lassen und uns ganz auf den Text der Botschaft einstellen. Es handelt sich um drei Erscheinungen der Gottesmutter, die in etwa all das zusammenfassen, was in früheren Erscheinungen gesagt wurde. Schon die erste Erscheinung vom 25. April 1946 ist bezeichnend. Es geht um den Frieden – wie wichtig für heute! Maria will ihn uns schenken. Sie nennt sich »das Zeichen des lebendigen Gottes«. Nun folgt ein Hinweis auf die Geheime Offenbarung. Wir sprachen davon bei der Erscheinung Mariens in der Rue du Bac zu

Paris. In der Apokalypse steigt ein Engel vom Sonnenaufgang auf »mit dem Siegel des lebendigen Gottes« (7,3), der seinerseits »die Knechte unseres Gottes auf der Stirn bezeichnen soll, damit sie nicht Schaden nehmen« (9,4). Nun ist Maria selbst »das Zeichen des lebendigen Gottes«. Das Folgende deutet wieder auf die Apokalypse. Johannes sieht »einen Stern vom Himmel fallen, dem der Schlüssel zum Schacht des Abgrundes gegeben wird«. In Marienfried steht dem Zeichen des lebendigen Gottes der »Stern« gegenüber, der das Zeichen verfolgen wird; aber »mein Zeichen«, sagt Maria, »wird den Stern besiegen«. Erinnert dieses Wort nicht an die Paradiesesweissagung, wonach der Schlange der Kopf zertreten wird? Bei der zweiten Erscheinung vom 25. Mai 1946 nennt sich Maria die »große Gnadenvermittlerin« und spricht dann ein Wort, das wir im Hinblick auf die Weltweihe vom 25. März 1984 doch sehr ernst nehmen sollten. Wir kommen noch darauf zurück. Dann folgt ein Blick auf die heutige Welt, die »den göttlichen Zornesbecher bis zur Neige trinken muß«, dann die Mahnung: »Opfert euch selbst und euer Tun durch mich dem Vater auf. Betet den Rosenkranz«! Und schließlich der tröstliche Ausgang wie in Fatima: »Dann wird Christus als Friedenskönig über alle Völker herrschen.«

Unsere Zeit der Glaubensverwirrung ist treffend gekennzeichnet: »Der Teufel wird solche Macht nach außen bekommen, daß alle, die nicht fest in Maria gegründet sind, sich täuschen lassen ... Der Teufel wird die Menschen so blenden, daß er auch die Besten zu täuschen und auf seine Seite zu ziehen versteht.« Diesen erschreckenden Worten steht aber eine tiefe mystische Einsicht gegenüber, die Auswechslung der Herzen: »Wo die Menschen anstelle ihrer sündigen Herzen mein unbeflecktes Herz setzen, hat der Teufel keine Macht.« Die dritte Erscheinung vom 25. Juni 1946 nimmt alle diese Gedanken in Form von eindringlichen Mahnungen zu Gebet und Opfer erneut auf, und wenn Maria am Schluß erklärt, daß dies ihre Botschaft an die Welt ist, von der man die Menschen unterrichten muß, so ist damit auf die Erscheinung Mariens in der Rue du Bac zu Paris zurückgegriffen, wo die Erdkugel ja auch ein Hinweis auf die ganze Welt ist. Was diese Erscheinungen besonders auszeichnet, sind die markanten Worte und überhaupt die hoheitsvolle Gestalt der Gottesmutter. Aber damit ist ja noch nicht alles gesagt. Den Abschluß bildet der Preisgesang der Engel an den dreieinigen Gott, der von einer unvergleichlichen Schönheit und sprachlich-theologischen Tiefe ist. Er sei deshalb hier ganz zum Abdruck gebracht, schon deswegen, weil er das große Ziel aller Marienerscheinungen angibt, die Anbetung des dreifaltigen Gottes.

>>Heil Dir, ewiger Herrscher, lebendiger Gott,
allzeit Gewesener, furchtbar gerechter Richter,
immer gütiger, barmherziger Vater!
Dir werde neu und allezeit Anbetung,
Lobpreis, Ehre und Herrlichkeit
durch Deine sonnengehüllte Tochter,
unsere wunderbare Mutter! Amen.

Heil Dir, geopferter Gottmensch, blutendes Lamm,
König des Friedens, Baum des Lebens,
Du unser Haupt, Tor zum Herzen des Vaters,
ewig aus dem Lebenden Geborener,
in Ewigkeit mit dem Seienden herrschend.

Dir werde neu und allzeit Pracht, Herrlichkeit und Größe,
Anbetung und Sühne und Preis durch Deine
makellose Gebärerin,
unsere wunderbare Mutter! Amen!

Heil Dir, Geist des Ewigen, allzeit Heiligkeit Strömender,
seit Ewigkeit wirkend in Gott!
Du ewige Feuerflut vom Vater zum Sohn,
Du brausender Sturm, der Du wehest Kraft und Licht
und Glut in die Glieder des ewigen Lebens.
Du ewiger Liebesbrand, gestaltender Gottesgeist
in den Lebenden,
Du roter Feuerstrom vom Immerlebenden zu den Sterblichen!
Dir werde neu und in alle Ewigkeit
Pracht und Herrlichkeit und Schönheit
durch Deine sternengekrönte Braut,
unsere wunderbare Mutter! Amen!«[32]

Dieses Kapitel, das Deutschland betrifft, soll abgeschlossen
werden mit einer kurzen Bemerkung über Fatima und Deutschland. Diese Beziehungen erfolgen weniger direkt als vielmehr in-
direkt, nämlich über Rußland. Es ist geschichtlich nicht richtig,
Rußland allein für den Kommunismus verantwortlich zu machen.
Das Kommunistische Manifest von 1848 ist im Westen entstanden
als grundlegendes Dokument des Sozialismus wie des Kommunismus, als politische Flugschrift im Auftrag des Bundes der Kommu-
nisten in London von Karl Marx und Friedrich Engels verfaßt, und
hat von hier aus seinen Siegeszug angetreten. Es hätte sich jedoch

nicht in Rußland durchsetzen können, wenn nicht im Fatimajahr 1917 sich etwas anderes ereignet hätte. Die deutsche Reichsregierung wollte 1917 unter allen Umständen den Frieden durch eine Entlastung der Ostfront erzwingen. Zu diesem Zweck sollten die revolutionären Bestrebungen in Rußland verstärkt werden, und zwar dadurch, daß die bolschewistischen Führer unter Lenin aus der Schweiz, wo sie sich aufhielten, insgeheim durch Deutschland nach Schweden gebracht würden, von wo aus sie dann in ihre russische Heimat einreisen konnten. Der Plan, der keineswegs eine allseitige Zustimmung fand, war klug ausgedacht, aber bar jeder moralischen Ausrichtung. Es kann also nicht in Abrede gestellt werden, daß Deutschland mitschuldig ist an der bolschewistischen Revolution im Oktober/November 1917. Und nun überlege man einmal die Zeitdaten. Am 4. April 1917 erfolgt die Reise der russischen Revolutionäre in einem Sonderwagen durch Deutschland. Am 16. April erreichen sie bereits Petrograd, und vom 25. Oktober bis 7. November ergreifen die Bolschewiki die Macht. Zwischen diesen beiden Terminen erfolgen vom 13. Mai bis 13. Oktober die Erscheinungen Mariens in Fatima. Das ist kein Zufall. Will der Himmel damit nicht zeigen, daß er gegen die antichristliche Macht im Osten eine Gegenmacht im äußersten Westen aufbaut, Maria in Fatima, aber nicht um Moskau zu vernichten, sondern um es zur Bekehrung zu führen – wenn, ja wenn die Menschheit das tut, was Maria verlangt. Davon sind in erster Linie wir betroffen, denn bei uns sind die Entscheidungen gefallen, und wir hätten allen Grund, auf das einzugehen, was Maria in Fatima gefordert hat.

# Die Weltweihe

Wenn der großartige Hymnus an die Dreifaltigkeit (S. 71f) Ziel und Abschluß aller menschlichen Tätigkeiten ist, so könnte die von Papst Johannes Paul II. empfohlene Weltweihe an das unbefleckte Herz Mariens am 25. März 1984 den Abschluß der Marienerscheinungen der letzten 150 Jahre darstellen. Dieser Akt der Weltweihe hat eine Vorgeschichte, die uns nach Fatima führt. Am 13. Juli 1917 sprach die Gottesmutter davon, »daß der Heilige Vater ihr Rußland weihen wird«[33]. Natürlich ist damit die Weltweihe inbegriffen. Am 31. Oktober 1942 hat Papst Pius XII. dies getan, und am 8. Dezember 1942 hat er diese Weihe im Petersdom wiederholt. Nicht genug damit, am 7. Juli 1952 hat er in besonderer Weise Rußland dem unbefleckten Herzen Mariens geweiht. Papst Johannes Paul II. hat diese Weihe am 13. Mai 1982 in Fatima von neuem vollzogen. In der Zwischenzeit wurde jedoch immer deutlicher, daß nach dem Willen der Gottesmutter die Weihe im Verein mit den Bischöfen der ganzen Welt geschehen sollte, da ja die ganze Welt bedroht ist. Es scheint, daß dies am 13. Mai 1982 nicht der Fall war. Aus diesem Grund entschloß sich der Heilige Vater, diese letzte Bedingung innerhalb des »Heiligen Jahres der Erlösung« zu erfüllen und er wäre dankbar, wie er sagte, wenn die Bischöfe mit ihm diesen Akt (der Weihe) erneuern würden.

Wir säkularisierten Menschen des 20. Jahrhunderts haben freilich keine rechte Vorstellung mehr, daß solche Akte imstande sind, das Angesicht der Erde zu erneuern und eine totale Änderung der Krisenmomente zu bewirken. Der Heilige Vater zählt in diesem Zusammenhang unter den schmerzlichen Übeln der Gegenwart auf »die Angst vor den Bedrohungen, die über der Zukunft liegen, und die Sorge um Frieden und Gerechtigkeit in den einzelnen Nationen und in der ganzen Welt«. Im Weihegebet selber, das sich im großen

*Überall in der Welt sind Fatima-Verehrungsstätten entstanden wie hier in Neuweier bei Karlsruhe. (Foto: Helmut Hübner)*

und ganzen mit dem in Fatima gesprochenen deckt, zählt der Papst diese Bedrohungen auf: »Hunger und Krieg, den Atomkrieg unkontrollierbarer Selbstzerstörung und jede Art von Krieg, die Sünden gegen das Leben des Menschen von seinen Anfängen an, den Haß und die Mißachtung der Würde der Kinder Gottes, jede Ungerechtigkeit im sozialen, nationalen und internationalen Leben, die leichtfertige Übertretung der Gebote Gottes, den Versuch, in den Herzen der Menschen sogar die Wahrheit von Gott zu ersticken, den Verlust des Bewußtseins von Gut und Böse, die Sünden gegen den Heiligen Geist.«

Die Voraussetzung für das Gelingen des Weiheaktes ist allerdings der unbeirrbare Glaube, daß durch eine solche Weihe wirklich eine Änderung der Krisensituation erreicht werden kann. Die weitere Voraussetzung ist die, die in Marienfried als Wort Mariens so formuliert wurde: »Die Welt wurde (zwar) meinem unbefleckten Herzen geweiht, (aber) die Weihe ist vielen zur furchtbaren Verantwortung geworden. Ich verlange, daß *die Welt die Weihe lebt.*«[34]

Damit ist das entscheidende Wort gefallen. Die Weihe muß *gelebt* werden. Hier liegt der Grund, warum es um Welt und Kirche so schlecht bestellt ist. Man rezitiert Gebete und liest Weiheformeln herunter, aber das praktische Leben bleibt davon unberührt. Das gilt auch für die Wallfahrten zu den Erscheinungsorten der Gottesmutter. Hier ist ein Wort des Kardinals Dalla Costa beachtenswert, der gesagt hat: »Es ist notwendig, die weltweite Bedeutung dieser Weihe zutiefst zu erfassen und voll und ganz bewußt zu leben. Es besteht die Gefahr, daß wir uns bei unserer Weihe mit bloßen Worten begnügen, die keinen Wert haben, wenn sie nicht verbunden sind mit der Hingabe an Gott – der Hingabe in vollbewußter Freiheit, der Hingabe des Herzens und der Seele, der Hingabe des Le-

bens. Man bedenke wohl, daß die Weihe nicht darin besteht, eine
Gebetsformel abzulesen; sie ist vielmehr ein Programm christlicher
Lebensführung und eine feierliche Verpflichtung, es unter dem be-
sonderen Schutze Mariens zu verwirklichen.«[35]
Ins Biblische übersetzt lautet unsere Antwort auf eine jede Marien-
erscheinung: »Ich bin die Magd des Herrn, mir *geschehe* nach dei-
nem Wort« (Lk 1,38). An die Stelle unseres Herzens ist das der
Gottesmutter getreten.

*Fatima, an großen
Wallfahrtstagen (dem
13. der Monate Mai
bis Oktober) wird die
Fatimamadonna in
der Prozession auf den
Weißen Platz vor der
Basilika getragen.*

# Anmerkungen

1 Zürich 1952, S. 132.

2 Freiburg 1958.

3 Karl Pauspertl, Marianische Zeit und technische Welt, Wien 1960, S. 16.

4 Vgl. L'Osservatore Romano, Deutsche Ausgabe vom 6. Januar 1984, Nr. 1, S. 9.

5 Vgl. Gerhard Zacharias, Satanskult und Schwarze Messe, Wiesbaden 1964, S. 126–139. Der Verfasser bemerkt auf S. 133, daß die Hymne A Satana als freimaurerisches Festlied Verwendung fand.

6 Anton Böhm, Stuttgart 1955.

7 Tibor Gallus, Die »Frau« in Gen 3,15, Klagenfurt 1979.

8 Das Goldene Buch erschien 1955 im Kanisius-Verlag, Freiburg/Schweiz, 16. Auflage. Eine vollständig neue Übersetzung und Bearbeitung von Hilde Firtel, Vorwort und einleitende Kapitel von Rudolf Graber.

9 In der Bibliothek der Kirchenväter (Kösel), 1. Band des Eusebius, Kempten 1913, S. 252.

10 Acta Apostolicae Sedis, vol. 59, Band 1969, p. 474; Das Große Zeichen, Aschaffenburg 1971, S. 21.

11 Vgl. Manfred Adler, Zeichen der Zeit, Lourdes und Fatima in endzeitlicher Sicht, Leutesdorf 1958.

12 J. Goubert und L. Christiani, Marienerscheinungen der Muttergottes von 1830 bis auf unsere Tage, Recklinghausen 1955, S. 21.

13 Gerhard Zacharias, a.a.O. S. 126.

14 Paul Gouin, Melanie, die Hirtin von La Salette, Stein am Rhein 1982.

15 Karl Pauspertl, a.a.O. S. 19 ff.

16 Ebd. S. 10.

17 Heinrich Rößler, Göttingen 1965.

18 H. Holstein, professeur à l'Institut Catholique, A quels besoins répondent les »apparitions«? in: Cahiers Marials, Nr. 77, 1. April 1971, S. 90.

19 Aschaffenburg 1954.

20 »Age de la Vierge«, bei Louis Pain, Les prophètes de Marie, Paris 1960, S. 10.

21 Eupen 1984, Edition Markus Verlag.

22 In: Cahiers Marials, Nr. 77 vom 1. April 1971.

23 Robert Ernst, a.a.O. S. 2.

24 Wetzlar 1973.

25 Gerhard Zacharias, a.a.O. S. 19.

26 Gerhard Hermes in »Der Fels«, Nr. 2, Februar 1984.
27 Papst Pius XII. in der Apostolischen Konstitution »Munificentissimus Deus« 1950.
28 Stuttgart 1969, S. 10.
29 Ebd. S. 9.
30 Vgl. Richard Wurmbrand, Karl Marx und Satan, Uhldingen und Kreuzlingen 1977/78.
31 Vgl. Heinrich Eizereif, Das Zeichen des lebendigen Gottes, Muttergottes-Erscheinungen in Marienfried, Christiana-Verlag, Stein am Rhein 1976.
32 Ebd. S. 43 f.
33 L. Gonzaga da Fonseca, Maria spricht zur Welt, Dietenheim/Iller [16]1973. S. 46.
34 Ebd. S. 37.
35 Ebd. S. 439.